Zu diesem Buch

Es ist im Leben nicht immer leicht, den Sinn von Situationen und Entwicklungen zu verstehen. Oft aussichtslose Begebenheiten werfen dermaßen massive Schatten in unser Dasein, dass man glaubt dabei unter zugehen. Doch kein Tag gleicht dem anderen und es hängt immer von unserer inneren Einstellung ab, ob wir Licht oder Schatten in unsere Gedanken und Handlungen bringen.

Monika Maria Ranz, 1957 in Wien geboren. Der derzeitige Lebensmittelpunkt liegt im Süden von Wien. Das Schreiben und Dichten ist ein lieb gewonnenes Hobby geworden.

Veröffentlichungen von Gedichten im Jahrbuch für das „Neue Gedicht" der Frankfurter Bibliothek, Brentano-Gesellschaft, Frankfurt am Main, 2013.

Im BoD Selbstverlag erschien der Roman mit dem Titel „Das Leben des anderen".
www.monikas-schreibstube.jimdo.com

Monika Maria Ranz
Gedichte und Anekdoten

IM

LICHT

DEN

SCHATTEN

BESSER

ERKENNEN

Bibliografische Information der Deutschen Nationalbibliothek

Die Deutsche Nationalbibliothek verzeichnet diese Publikation in der Deutschen Nationalbibliografie; detaillierte bibliografische Daten sind im Internet über http://dnb.d-nb.de abrufbar.

Impressum

© 2020 RANZ MONIKA MARIA

Herstellung und Verlag: BoD – Books on Demand, Norderstedt

Grafikgestaltung: Oswald Sylvia

ISBN 978-3-751-90512-1

INHALT

I. GEDICHTE

1. Ereignisse im Alltag   **9**
Ein Schlüsselloch mit Folgen   10
Ein Stauszenario   12
Die Weiberwirtschaft   14
Wechseljahre   15
Unschuldige Liebe   16
Beim vollen Buffet   17
Asche   18
Eine Straßenbahnfahrt   19
...der baum vor meinem fenster   21
Dies ist die Geschichte meiner Nichte   23

2. Schicksale   **25**
Auf der Suche nach der eigenen Wahrheit   26
Licht und Schatten   29
Adam der Riese   30
Vaterliebe   31
Im Swingerclub   33
Dunkle Gestalten   34
Einsamkeit   35
Vergängliche Liebe   36
Ein Lebensmüder zu Weihnachten   38
Liebesgedicht   39

3. Zeitkritisches   **41**
Menschenanklage   42
Was würde geschehen   44
Arche Noah   45

4. Tierisch unterwegs   **47**
...es war ein Mauseleben   48
Die freche und kluge Geiß'   49
Der tote Weihnachtshund   51

II. ANEKDOTEN

1. Wo war das Brautpaar geblieben   54
2. Opa Alex und der Wiener Dialekt   63
3. Kindermund tut Wahrheit kund   66
4. Ein kleiner Schreck in Ehren   70
5. Der Singletreff   78
6. Tagebuch einer Hundebesitzerin   90

I.

GEDICHTE

1.

EREIGNISSE IM ALLTAG

Ein Schlüsselloch mit Folgen

Heiß scheint die Sonne vom Himmel herab
Im Hotel sind wir angekommen im Trab
Meine Mutter fühlte sich zerronnen
War froh, hier wohlbehalten anzukommen
Nimmt den Zimmerschlüssel rasch an sich
Und vergisst dabei auf ihr Kind, das bin ich
Ich frage nicht viel, was ich machen kann
Gemeinsam kommen wir im Zimmer an
Denn eines weiß ich gewiss, dass nun Ruhe ist
Zum Waschbecken stellt sich meine Mutter hin
Zieht ihre Kleider aus und fühlt sich schon wie zu Haus
Lässt das kühle Nass ins Becken ein und plätschert mit den
Fingern fein
Alsbald sie den Waschlappen taucht ein in das kühle Nass
Jauchzt sie laut auf, das ist ein großer Spaß
Ich währenddessen das Schlüsselloch fass
Schrei vor Entsetzen:
„Das ist ja krass, da schaut ein Auge rein"
Vor lauter Schrecken, rennt der Mann um die Ecken

Meine Augen schauen verdattert drein
weiß nicht was soll das sein
Sogleich meine Mutter rennt böse aus dem Zimmer
Selbstredend, nackt ist sie nimmer
Sie schreit voller Empörung, was fällt dem denn ein
Ist ihm die Hitze zu Kopfe gestiegen
Der ist ja lästiger als die Fliegen
Aber warte nur, den werde ich noch kriegen
Und dann, dann wird er hoch kantig hinaus fliegen

Stauszenario

Im Stau ist es lustig im Stau ist es fein
es ist einfach „in" und wichtig dabei zu sein
das müssen wir uns „live" geben
von wegen, was ist jede Woche unsere liebste Freud'
na klar der Stau, was sonst glaubts ihr Leut'
Freitagnachmittag ists, heiß brennt die Sonne vom Himmel
runter
jeder ist gschlaucht und schwitzt mitunter
gschwind hüpfen wir in unsere Kisten rein
Vater, Mutter, der Sohn und Kleinschwesterlein
manche fahren auch ohne Führerschein
wir sitzn dann voller Freud' im Auto drin
natürlich mit Klima und allen Schikanen
das muss man eben im Voraus planen
als ob wir es ahnen, Kleinschwesterlein schreit nach kurzer
Fahrt
ich hab' Durst!, die ist manchmal eine Plag'
für den Hunger haben wir eine Ration Lebensmittel mit
dadurch bleiben wir im Stau länger fit
aus dem Radio ertönen die aktuellen Verkehrsnachrichten
tuts euch schlichten auf der A2 ist ein Stau
Schau, schau, lange wirds nicht sein,
dass wir uns am Fahren können erfreun
die Spannung steigt, wir sind bereit für den Crash
schau mal zum Nachbar rüber, die Frau ist aber fesch
voller Freud' sehen wir schon die Warnung
Staugefahr! es blinkt mal gelb, es blinkt mal rot
langsamer fahren heißts, sonst bist du tot
bald werden wir uns gut unterhalten
unser Lachen in der Runde entfalten
jetzt wollns auch noch den Tauerntunnel sperrn

Frechheit, wo solln wir dann in illustrer Runde verkehrn
Wenn die anderen staun und sich womöglich haun
na bitte, regts euch doch nicht auf ihr guten Leut'
was nützts zu fluchen und zu cholerieren
wenn die vielen Autos die Straß'n blockiern
im Gegenteil, das muss man nützen
zum Beispiel kann man im Stau gut mützen
kann auch mal mit der Pepi-Tant' telefonieren
niemand wird sich dran stoßen und an der Handy-Manie
erbosen
hoffen wir, dass noch viele Straßen werden gesperrt
an unserem staugeilen Herz ist nichts verkehrt

Weiberwirtschaft

Behagliche Wärme durchströmt das urtümliche Haus
Gäste gehen täglich ein und aus
Es ist ein Kommen und ein Gehen
Nein, die Zeit, die bleibt nicht stehen

Ob von Regengüssen durchnässte Radfahrer
Menschen auf der Suche nach einem Quartier
Jeder findet ein gutes Platzerl hier
Auch eine Dame mit Hund hat sich einquartiert

Fernab von den Massen, möchte sie in der Therme kuren
Ihr Hund vergisst ob der herzlichen Aufnahme
Sogleich auf sein Murren
Gerne lässt er sich mit einer Wurst bestechen

Wohl haben Sie es schon vernommen
Es ist ein Leichtes hier her zukommen
Das Haus der „Weiberwirtschaft" wird es liebevoll genannt
Und die drei fleißigen Frauen, Hermine, Lilli und Isabell
Sind hier wohl bekannt

Auch Hausziege „Gucki" ist ein glückliches Tier
Läuft frei herum im Garten hier
Kurzum, hier wirkt ein starkes Band
Voll Frohsinn, Herzblut, Kraft und Miteinand'

Wechseljahre

Wenn ich morgens früh aufsteh
Tun mir schon die Glieder weh

Schwitze mich dann stündlich ab
Von Kopf bis Fuß und hinab

Will endlich frei davon sein
Es ist für mich nur eine Pein

Der Schweiß rinnt aus allen Poren
Als ob ich hätt die Welt verloren

Die Experten klug konstatieren
Wir Frauen sollen nicht die Geduld verlieren

Flieh regelmäßig in die Dusche dann
Weil ich es einfach nicht glauben kann

Dort fängt alles wieder von vorne an
Schwitzen, duschen, bis ich nicht mehr kann

Wer hat bloß die Wechseljahre erfunden
Dem gebühren keine Urkunden

Unschuldige Liebe

da waren der Worte drei
am Anfang war es Liebelei
Herzeleid, in Klarheit und Scham
verborgen die Unschuld, bis er kam
ein Blick, eine Geste
es bedarf keiner Worte
oh süße Unschuld
lässt dich zaudern vor der Pforte
strenge Sitte, Freiheit
lass der Freude ihren Lauf
wo steht es geschrieben
dass ich mich verkauf
nimm, ach nimm mich bitte mit
halleluja will ich singen
will leben und lieben
am Ende sind wir bald zu dritt

Beim

vollen Buffet

Menschen schleichen ums Buffet herum
und denken, das nimmt mir sicher niemand krumm
den Teller noch mal bis oben hin zu füllen
die Leckereien dürfen nicht abkühlen
ob Schinkenfleckerl, Blunzengröstl oder Schnitzel
ein Traum ist das hier und der wahre Gaumenkitzel

Rasch noch einen Erdäpfelsalat eingenommen
der Wunsch nach einem neuen Gang ist gekommen
im Nu waren alle Leckereien verschlungen
die Blähungen zum Glück sind abgeklungen
na, eine Nachspeis ist längst noch drin
gar zu lecker und verführerisch war der Beginn

Doch dieses Mal bitte nur ne halbe Portion
für was ist auf dem Teller eine Dekoration
nach der Schaumrolle noch einen starken Kaffee
bloß grollt der Bauch und tut vom vielen essen weh
ein Schnaps wird gleich Abhilfe schaffen
für einen Spaziergang, mag man sich gar nicht aufraffen

Asche

Asche auf mein Haupt
Asche im Ofen
Asche im Aschenbecher
Asche in der Urne
Asche in den Fluss
Asche des Lebens

Eine Straßenbahnfahrt

Wenn du fährst mit der Straßenbahn
was gehen dich die Ampeln an
fährst dann Tour für Tour deine Runden
glaubst du kannst die Welt erkunden

Bimmelst mit der Glocke laut
kaum zu glauben wer da schaut
eine alte Frau steht am Gehsteigrand
sie schimpft in einem Ton, der ist wohl bekannt

Als ob es wär' ihr höchstes Sinnen
sich unbedacht in Gefahr zu bringen
springt sie mal vorn und dann nach hinten
fuchtelt mit dem Schirm herum, um zu winken

Ihr Ansinnen ist wohl zu erkennen
doch besser ist, sie beginnt zu rennen
wo denn die Haltestelle sei, fragt die zerstreute Maid
ist da noch ein Platz für sie frei

Mit aller Not bremst der Fahrer sich ein
die Frau schreit auf, was für eine Pein
nun ist es geschehen
die Straßenbahn kommt zu stehen

Entsetzt die Leute schreien auf
die alte Frau liegt auf der Schaufel drauf
gleich wäre sie unter den Rädern gelegen
hört man ihre schimpfenden Worte von wegen

Kommt sie dann unterm Wagen hervor gekrochen
ist ihre schäumende Wut ungebrochen
schlägt mit dem Schirm auf den geschockten
Straßenbahnfahrer ein
der ergreift die Flucht
und lässt das Straßenbahnfahren sein

...der baum vor meinem fenster

da steht in seiner pracht
der baum vor meinem fenster
mit seinem grünen blätterwerk

frühling
er wiegt es sacht, als ob es nur für mich gemacht
breitet aus die äste und feiert seine feste
frühling und sommer ist wahrlich geeint in seligem tanz
vögel zwitschern aus voller kehle den tag herbei
sonne blinzelt hinter den wolken hervor

sommer
wachstum erstreckt sich hoch
die krone schaut von oben empor
des nachts höre ich seine wipfel raunen
und melancholie durch die lüfte weht
es ist, als ob ein hauch wehmut von seinem geäste fleht

herbst
des herbstes goldne zeit verleiht ihm würde
blätter fallen alsbald golden von den bäumen
verlorene kraft sich auf die reise macht
der wind bläst in gewohnter manier
in das grüne blätterwerk

winter
die äste kahl ihr dasein träumen
und des baumes wurzeln verlieren ihre kraft
winter ist, der mond scheint helle
der baum vor meinem fenster
ruht in tiefen schlaf
ob regen, sonne, sturm oder schnee
gleich viel
mein baum wird kraftvoll wachsen
in alter weise

da steht in seiner pracht
der baum vor meinem fenster
mit seinem grünen blätterwerk

Dies ist die Geschichte meiner Nichte

Meine Nichte ist nicht dick und nicht dünn
grad so mitten drin
und wenn sie mal geht aus dem Haus
dann ist sie schick und putzt sich heraus
manche würden sagen, oh Graus

Allein ihr Hut ist eine Augenweide
der ist nicht klein und fein, oh nein
sondern wie eine blühende Heide
ob Gänseblümchen aus Seide
oder Sträucher, verpackt im Getreide

Am Kopfe muss schon was Ordentliches sein
so spricht mein feines Nichtelein
denn schließlich und endlich
sitzt dein Glück im Gesichte
so sagt meine Nichte

Nun, wenn ihr glaubt, sie sei nicht ganz dichte
entspannt euch und hört die Geschichte
einen kurzen Augenblick war meine Nichte so entzückt
dass sie vergaß, auf ihren Hut, bestückt

Ein Kutschersmann machte ihr schöne Augen
sie verspürte fest zu glauben
er wäre es, den sie sich schon lange erträumt
doch dabei, das Unglück nahm seinen Lauf
ihr Hut löste sich auf, ein Pferd da stand
und so empfand, als Einladung den Hut zu fressen,
mit all den Gräsern und den Raffinessen

Meine Nichte schrie entsetzt auf oh weh,
das Pferd verschlang gerade den letzten Klee
der Hut nun lag am Boden kahl,
dies war vermutlich für das Pferd
ein besonders, leckeres Mahl

2.

SCHICKSALE

Auf der Suche nach der eigenen Wahrheit

Niemals sollst du Not leiden
sagt die Mutter zu ihrem Liebkind
ein Sohn wurde ihr geschenkt
lässt sodann die Liebe fließen
im Überfluss
in Worten und Taten

Verzerrter Blick
der Wahrheit Sinn
voll Überdruss das Kindlein entwickelt sich
schätzt nicht ein warmes Heim
und die Nähe eines liebend Mutterherz

Flüchtet aus den Fängen von Wohlstand
wehrt sich das Leben so anzunehmen
und gegen Umarmung
wie es ihm angeboten wird
verliert sich im Strom von Trug und Lüge

Soll das, das Leben sein
wo bleibt die eigene Wahrheit

Nach den Vorgaben von anderen zu leben
ist nicht in seinem Sinn
das Kind geht weg vom Elternhaus
und hinterlässt eine ratlose Gesellschaft
was haben wir falsch gemacht
aller Protest verläuft im Sand

Auf der Suche nach dem eigenen Ich
macht der Blick in den Spiegel Angst
in die Tiefe von dargebotenen Süchten taucht er ein
dort lernt der junge Mensch
die wahren Abgründe des Lebens kennen
und erschafft sich neu

Tiefe Gräben muss er durchwandern
in Freiheit zu seinem Geist
ein Brückenabbrecher wird er genannt
und sieht lange Zeit keine ihm reichende Hand
Spott und Hohn pflastern seinen Lebensweg
bis aus ihm der letzte Tropfen Blut entweicht
und jegliche Hoffnung

Niemand aus seinem alten Leben teilt sein Weltbild
auch wenn die Sehnsucht nach der Mutter ist übergroß
sie würde ihn nicht mehr verstehen
doch die Liebe wehrte ein Leben lang
indessen der Sohn ist zu neuen Ufern aufgebrochen

Flucht sollte es nicht sein
denn die Gegenwart holt dich überall ein
geläutert an Vertrauen und Glauben sowie
in tiefer Dankbarkeit an das Leben
erkennt der junge Mensch den Sinn seines Daseins
nichts geschieht ohne Grund

In Demut beginnt er zu beten
und springt dem Tod von der Schippe
eine Frage muss er beantworten
willst du dein eigener Feind bleiben
wenn ja, dann töte ich dich

Nichts mehr ist so wie es einmal war
der Ausstieg aus Depression
und Abhängigkeit ist hart
die Seele leuchtet im ewigen Licht
und im Herzen findet man Klarheit, Kraft und Antworten

Freund möchte er sein für sich selbst
und alles Leben um sich herum schätzen lernen
diese Erkenntnis durchströmt seinen Geist
Liebe deinen Nächsten wie dich selbst
so steht es in der Bibel geschrieben
gestärkt aus der Krise kehrt der erwachsene Mann
aus der Fremde zurück

Die Heimkehr zu seinen Wurzeln erfolgt in neuem Sein
ein altes Weiblein kommt ihm des Weges entgegen
freundlich lächelnd grüßt er die Frau und
setzt mit zögerlichem Schritt seinen Weg fort
plötzlich hält er an
da war ein Gefühl von Wärme in ihm
Mutter du
kannst du es gewesen sein
er läuft ihr hinterher
Schluchzend fallen sie sich in die Arme

Niemals sollst du Not leiden
sagt die Mutter zu ihrem Liebkind

Licht und Schatten

Auch in der tiefsten Dunkelheit
erhellt das Licht den Schatten

Auch in der tiefsten Dunkelheit
erhellt das Licht die Sorgen
sie sind dann nicht mehr so unsagbar schwer
obwohl manchmal kaum zu ertragen

Auch in der tiefsten Dunkelheit
darf der Mensch nicht aufhören zu hoffen
wie fühlt sich das Leben an
wenn die Schatten dauern ein Leben lang

Auch in der tiefsten Dunkelheit
kommt einmal ein Lichtlein her
oft kaum sichtbar fürs Auge

doch ewig
der Ruf des Herzens bleibt

Adam der Riese

geliebte Maria
komm auf die Wiese
flieg hoch in die Lüfte
um zu fallen ganz tief
und Adam der Riese
verliert eine Prise
lässt sie im Glauben
wer sie da oben rief

Vaterliebe

...und der Mann ging wie so oft nicht gern nach Haus
seit der Scheidung ist es ein kraus
zu leben ohne Frau und Kind
jeglicher Lebensmut und Freude verging

auch Väter haben ein Herz
allzu groß ist der Schmerz
Kind und Frau an einen anderen Mann zu verlieren
in seiner Verzweiflung gar schmeißt er die Nerven hin
steht dann vor der Tür und fragt nach dem Sinn
die Situation beginnt sich zu verschärfen
er schreit und flucht in argem Ton
das ist doch ein Hohn
ich geb' so lange keine Ruh'
bis die Türe geht auf
und pocht mit seinen Fäusten drauf

er hört die Leute hinter der Türe fluchen
geh weg, oder es passiert was
der Mann schreit mal laut mal leise
hab ich als Vater kein Recht
mein einzig Kind zu besuchen

so spricht der Volksmund 'Gut Ding braucht Weile'
der Vater fühlt sich nach dem Eklat erschöpft
er kann es nicht fassen, wie weit es mit ihm gekommen ist
ach, wie gerne, hätte er sein Kindlein gesehen

schwer beginnt sein Herz zu pochen
mit gebeugtem Rücken steht er da
richtet sich auf und will schon gehen
wahrlich, erbärmlich ist der Mann anzusehen

plötzlich das Tor öffnet sich
heraus tritt sein Kind mit den Worten
Vater hier bin ich und ich will dich sehen

Im Swingerclub

Im Swingerclub
geht ein Einser
zum Zweier
verliert sich rasch
beim Dreier
der Einser beim Zweier
will necken ohne zu beklecken
können sie den Reigen der Damen necken
zurück zu den Herren
gleich ob
Einser, Zweier oder Dreier
so wird es geschehen mit oder ohne Verstehen
wenn die Pforten der Freude sich öffnen
Horizonte weiten
befreites Gefühl lässt sie gleiten
Alltägliches kann hier von den Körpern fließen
während Welten sich ergießen
die Sinne stehen ihnen nach Genuss
zu Hause gibt's stattdessen den Verdruss

Dunkle Gestalten

Kommt nur, kommt nur,
Nächte schweißgebadet, durchwache ich
mit letzter Kraft stemme ich mich auf
trotze den Krallen aus Blut
welche mich täglich mehr und mehr
in ihren Besitz nehmen wollen

Noch einmal den Sonnenaufgang sehen
wer, wenn nicht ich, ruft eine Stimme in mir
die Zeit heilt alle Wunden
weg mit Schmerz und Leid
bleibt Enttäuschung und Traurigkeit zurück
es nicht geschafft zu haben

Wieder quälen mich Albträume
die Schmerzen werden bald leichter sein
das Blut ist zu dick, Sauerstoff fehlt
noch schleiche oder krieche ich am Boden
geht weg ihr Kreaturen, dunkle Gestalten
ich fange an zu beten und schließe die Augen

Tage der Schwäche sind durchgestanden
neue Energie fließt durch meine Adern
und pure Lust erfasst das Herz
Mut und grenzenlose Liebe durchfluten meinen Geist
der Weg ist das Ziel und ich folge ihm
die Hoffnung stirbt zuletzt

...einsamkeit

ist wie das spielen
ohne noten
der blick gleitet
ins nichts
ins leere

es ist so
als würde
man voten
dass niemand
darüber spricht

wolken hoch
am horizont
bin kein
bisschen weiser

denke nach
frag den wind
woher er kommt

nimm mich mit
auf deine reise

ich lass es gut sein
und grüble nicht
versperr mich nicht
und doch
versprich mir
ein gutes Leben

Vergängliche Liebe

und wehrte die Liebe ein Leben lang
so bleibt bei Trennung nur Trug und Klang
haben wir nicht ewige Liebe geschworen
in guten und in schlechten Tagen
was ist mit uns bloß gescheh'n
erschüttert nimmt jeder sein Hab und Gut

und wenn dann die Eheleut auseinander gehen
sich bekriegen mit bösen Worten
und manchmal auch Taten
kaum jemand möchte das verstehen

wo ist die Liebe geblieben
am Anfang waren es der Worte drei
ich liebe dich, nur dich
doch dies ist jetzt vorbei

der Schmerz im Herzen ist nicht auszuhalten
keiner will den anderen sehen
Schuldzuweisung und Hass werden voreinander ausgebreitet
nur mehr innere Leere füllt beide Herzen aus
wie kommen wir aus diesem Teufelskreis wieder heraus
so viele Fragen stehen im Raum

bei wem liegt die Schuld
oder waren unsere Erwartungen zu hoch
nach langem Ringen und verlorener Kraft
beginnen beide die Scherben
einer ehemals großen Liebe zu sortieren

in der Hoffnung ein Dritter könnte
vermittelnd als Retter agieren
holen die Eheleut einen Mediator herbei
um offen auszusprechen was Angst macht und blockiert

die Beziehung wird nicht mehr nur aus Leid getragen
sondern das Ziel ist
die Achtung vor dem anderen nicht zu verlieren
und einen Neuanfang zu starten

Ein Lebensmüder zu Weihnachten

So still die Weihnachtstage haben begonnen
So fühl ich mich frühmorgens beklommen
So schwer ich diese Zeit ertrag und nicht mehr mag
So lass ich es nun gut sein, die Zeit ist verronnen
So mein Herz ist die reinste Plag
Zu Gott, o Herr, zu dir will ich kommen
wie lieb ich dich hab

Liebesgedicht

Nun kennen wir uns ein halbes Jahr
verflogen ist die Zeit, das ist wahr
empfanden füreinander Sympathie
hatten mitsammen Spaß, wie noch nie
wir waren gut gelaunt und oft erstaunt
wie rasch doch die Zeit vergeht
fast tat es ein bisschen weh sich zu trennen
doch beim Abschied war zu erkennen
es war uns beiden klar, wir sehen uns wieder
das ist wunderbar
unsere ersten gemeinsamen Tanzschritte
bewältigten wir mit Bravour
und obendrein tanzten wir manchmal wie auf Wolken
fast himmlisch und ich glaub dies blieb nicht ohne Folgen
ach, ich fühl mich wie ein Kind
bin schüchtern, fröhlich und ausgelassen
könnt tanzen und lachen
vor Glück lauter Faxen machen
ich kann's nicht fassen, wenn ich dich seh
fast tut's mir weh
mein Herz beginnt kräftig zu pochen
und ich hab' Sehnsucht nach dir
dich zu umarmen und dich zu küssen
doch trau ich mich dich nur zu grüßen
oh Liebster kann es sein, dass wir uns ineinander verliebten
ohne es zu merken
vielleicht sollte es uns innerlich noch stärken
wie soll ich es dir nur sagen
meine Gefühle für dich sind stark
und ich hab' so viele Fragen
doch ich will dich nicht verschrecken

kann ich Gefühle in dir wecken
ich habe Schmetterlinge im Bauch
dieses Gefühl es sagt mir, dass ich dich brauch
fühlst du das auch

3.

ZEITKRITISCHES

Menschenanklage

welch Mensch ist das
der Andre leiden lässt
sie hetzt dann tötet
ohne Unterlass

durch eurer blutig Hände gehen Leben zu Ende
stündlich gehen Menschen in den Tod
in ihrer größten Not verlieren sie ihr Leben
arme Kreaturen sind wir alle
ohne Herz und Verstand
wenn wir davor die Augen verschließen

wer hat uns Menschen
das Recht gegeben
zu urteilen und richten
über Tod und Leben

Mensch....
du im Angesicht der Macht
was ist aus dir geworden
erhebst deine Hand in böser Absicht
gegenüber den Schwachen

schaut an eure verzerrten Masken
und blickt in den Spiegel
sehen so Kinder Gottes aus
soll das der Sinn des Lebens sein
zu morden, zu schlachten
bis tief in die Seele hinein

wo sind deine Ideale geblieben
hast du ein blutig Herz aus Stein
ihr habt wohl vergessen, dass
wir stammen alle von dem Einen ab
gleich welcher Religion und Nation

es ist ein Trugschluss zu glauben
ihr könnt denen die Seele rauben
oder gar den Verstand

wohl habt ihr nicht erkannt
das Gegenteil wird geschehen
ihr selbst werdet dabei untergehen

Was würde geschehen

Was würde geschehen,
wenn es keine Waffenlieferungen gäbe

Was würde geschehen,
wenn alle Soldaten zu Hause blieben
und nie mehr eine Waffe in die Hand nehmen würden

Was würde geschehen,
wenn bewaffnete Truppen sich gegenüberstehen
und die Waffen niederlegen,
denn die Bevölkerung möchte keinen Krieg

Was würde geschehen,
wenn von nun an kein Krieg geführt werden würde

Welches Paradies gäbe es auf Erden
Reichtum an schönem und guten Leben
Freude, Frieden, Nahrung und Liebe
hätte dann jeder einzelne Mensch zur Verfügung,
wenn es keine Kriege mehr gäbe

Was würden die Machthaber anstellen,
wenn sie keine Menschen mehr als Krieger ausbilden
und keine Macht mehr ausüben können

Was würde geschehen
Gedanken sind frei

Arche Noah

...ich träumte von der Arche Noah
wohl kam es mir ganz seltsam vor
und ich bekam Angst
schweißgebadet fuhr ich in meinem Bette hoch
sollte dies ein Fingerzeig Gottes sein
und die Antwort auf unser zügelloses Leben

quälende Gedanken stiegen in mir hoch
so erfuhr ich im Traume unser aller Vernichtung
wird es wieder eine Sintflut geben
so wie ehemals in der Bibel beschrieben
die Mensch und Tier lässt untergehen
um das Böse zu besiegen

4.

TIERISCH UNTERWEGS

..es war einmal ein Mauseleben

...nachdem das Mauseleben tot, lebe die Katze hoch
lange schon zuvor, hat sie sich auf die Lauer gelegt
ihre Pfoten währenddessen gehegt und gepflegt
um dann in der Dämmerung ganz leis und sacht
die Maus ausfindig und dingfest gemacht

Die freche und kluge Geiß

Am Bergeskamm die Geiß geschickt
klettert hoch und freut sich ihres Lebens
plötzlich sie in ihrem Terrain erblickt
den Wandersmann, der plagt sich vergebens
die Geiß bei sich denkt: 'Was der hier wohl will?'
und klettert hoch, ganz leis' und still
alsbald beginnt die Geiß
ganz frech und keck
mit ihren Füßen Stein um Stein
den Hang hinunter zuschießen
die Steine purzeln den Hang nur so hinab
oh du armer Wandersmann
du bist gefährdet ganz knapp
doch bald danach der Wandersmann
holt aus seiner Tasche einen dicken Strick
wohl hat er schon lang die Geiß erblickt
er holt saftige Äpfel aus seinem Rucksack
zerteilt sie in große Stücke und legt sie raus
die Geiß von Natur aus neugierig ist

klettert den Hang hinab und dabei nicht vergisst
sich vor dem Wandersmann in Acht zu nehmen
„...he, du frecher Wandersmann, glaubst wohl,
dass ich dich nicht sehen kann
ich such' mir weiter meine frischen Kräutlein
und dich, dich werd' ich schon ein bisschen läutern",
so spricht die freche Geiß frisch und munter
und klettert nicht zu den Äpfeln runter
der Wandersmann wird wohl noch lange warten müssen,
denn die Geiß ist klug und lässt sich so nicht begrüßen

Der tote Weihnachtshund

Es geschah zur Weihnachtszeit im großen Stil
Schneeflocken dicht gereiht vom Himmel fielen
der Christbaum war schön geschmückt
zur Freude der Kinder mit Süßigkeiten bestückt

Hübsch gekleidet und adrett, stand da die Familie ganz nett
während Eltern und Kinder Weihnachtslieder sangen
drehte Haushund Rolfi seine Runden und war am erkunden
wollte Päckchen der Reihe nach bringen

Böses Schimpfen ertönte aus dem Munde der Eltern
die Kinder lachten
hofften auf schöne Sachen die Freude machten
nun war das Singen endlich vorbei
und jetzt begann die große Schererei

Die Kinder packten hurtig ihre Päckchen aus
hatte der Haushund Rolfi eine Laus
oder gar eine Maus gefressen
auf die ist er ganz versessen

Rolfi sprang mal hoch mal nieder
torkelte, fiel auf den Teppich nieder
führte sich gar seltsam auf
lag dann stumm da und lag wo drauf

Die Eltern plötzlich erkannten seine Not
sie liefen zu ihm, war er jetzt tot
Rumkugeln hatte der Unglückliche gefressen
unter all den Raffinessen
fand er die Pralinenschachtel fein
welche nicht für ihn gedacht
hatte der Nikolaus mitgebracht

Rolfi lag nun da in seinem Rausch
und eine Rumkugel sah aus seinem Maul noch raus

II.

ANEKDOTEN

1.
Wo war das Brautpaar geblieben?

Es war ein Tag, wie im Bilderbuch. Anfang Mai, blitzblauer Himmel, ein leichter Wind erfüllte die Frühlingsluft. So wie die Sonne vom Himmel lachte, erfreuten sich unsere Herzen an unserem Hochzeitstag.

Die Trauung fand in Wien auf der Grinzinger Höhe in der geschichtsträchtigen Kaasgrabenkirche, auch Wallfahrtskriche genannt, statt. Der imposante beidseitige Stiegenaufgang beeindruckte mich ab dem ersten Augenblick. Beim Herabschreiten der Treppen fühlte ich mich wie im siebenten Himmel. Aber nicht nur mir erging es so, mein angetrauter Ehemann war ebenso überwältigt. Bald darauf saßen wir in einer weißen Kutsche und für die Gäste standen weiße Taxis bereit. Gemeinsam bewegte sich der feierliche Hochzeitszug in ein nahe gelegenes Restaurant. Als Auftakt spielte die Band den Hochzeitswalzer und einem gelungenen Fest stand nichts mehr im Wege.
Am späten Abend hieß es als frisch angetrautes Ehepaar früh von unseren Gästen Abschied zu nehmen, da wir am nächsten Tag in die Flitterwochen starten wollten. Die Vorfreude war groß, endlich die wunderbare Blumeninsel Madeira kennenzulernen.

Tags darauf standen die Koffer im Vorzimmer gepackt. Es war fünf Uhr in der Früh gewesen und anfangs lief alles nach Plan.

Wir checkten am Flughafen Wien Schwechat ein, die Koffer kamen auf eine Förderanlage und weiter zur Kontrolle. Der Flug nach Madeira wurde ausgerufen und alle Passagiere fanden sich bei der Gangway ein. Der kleine Bus fuhr mit den Passagieren über das Flugfeld zu unserem bereitgestellten Flieger. Beim Aufgang begrüßten uns die freundlichen Stewardessen. In ihren marineblauen Röcken und Jacken, verziert mit roten Aufsätzen, sahen sie sehr hübsch aus. Unsere Namen wurden vorgelesen und die nummerierten Plätze zugewiesen. Nun ging alles sehr rasch. Handgepäck und Taschen wurden verstaut und bald danach saßen wir im Flugzeug angeschnallt und startbereit.

Als die Turbinen mit lautem Surren zu arbeiten begannen, stieg unsere Aufregung ins Unermäßliche. Für meinen Mann und mich war dies der erste Flug in unserem Leben. Ich denke unsere beider Herzen klopften doppelt so stark, abgesehen vom Verliebtsein. Nun hieß es für zwei Wochen Abschied von Österreich zu nehmen.

Mit Spannung verfolgten wir den Start.

Der große Flieger rollte majestätisch auf der Rollbahn, bis er hoch in die Lüfte abhob und ruhig dahinglitt. In mir stieg Gänsehaut hoch.

Der Pilot hielt über das Mikrofon eine Begrüßungsrede. Währenddessen begann im Flugzeugraum ein reges Treiben. Von den Stewardessen wurden wir mit Getränken und kleinen Snacks verwöhnt.

„Super, wir bekommen ein Glas Sekt", freute ich mich, als die Stewardess zu unseren Plätzen kam.

Ehrlich, den Sekt konnte ich jetzt auf Grund der Aufregungen gut brauchen. Zum Glück kam es während des Fluges zu keine gröberen Turbulenzen.

Im Laufe der Zeit entwickelte sich unter den Reisenden eine rege Unterhaltung. Mein Mann und ich wurden gefragt, ob dies unsere erste Flugreise sei. Es war uns nicht entgangen, dass alle anderen TeilnehmerInnen älter waren und sicher mehr Flugerfahrung hatten als wir.

Die Zeit verflog wie im Nu.

Kurz vor der Landung machte die Flugbegleiterin eine Durchsage. Leider ließ die Aufmerksamkeit bei uns jung verliebten Paar zu wünschen übrig und so hatten wir angenommen, dass die Reisenden nach Madeira sitzenbleiben sollten.

Nach der Landung verließ der Großteil der Passagiere das Flugzeug und Stille kehrte in dem Flieger ein.

Entspannt blickten wir aus dem Fenster und beobachteten wie die Tanks mit Benzin gefüllt wurden. Nachdem der Pilot seinen Check um das Flugzeug herum machte, stieg er und die Stewardess wieder in das Flugzeug ein. Sie setzte sich auf einen der freien Plätze neben uns in der Sitzreihe.

Mein Mann und ich alberten nach wie vor herum. Wir führten uns wie junge Teenager auf. Ich schwebte auf Wolke sieben und flog auf den Weg ins Glück, zumindest hatte ich das anfangs angenommen.

Jedoch verging uns bald das Lachen.

Es kam uns seltsam vor, dass wir nicht über das Meer flogen und schon gar nicht in Richtung Madeira. Eine weitere viertel Stunde verging und unsere Unruhe nahm zu.

Wir rätselten längere Zeit was da los war?

Erst ab diesem mulmigen Moment sahen wir uns in der Runde der Mitfliegenden um. Mit großem Schrecken erkannten wir, dass niemand aus unserer Reisegruppe im Flieger saß.

Bis dato wurden alle Mitteilungen in Englisch durchgegeben.
Neben uns saß eine Stewardess.
Sie verfolgte vermutlich unser Gespräch.
Nach einiger Zeit wendete sie sich uns zu und meinte:
„Benötigen Sie Hilfe?"
Erleichtert atmeten wir auf und legten dar, dass unser
Reiseziel Madeira sei.
Entsetzt blickte sie uns an und bestätigte, dass sich dieses
Flugzeug auf dem Weg in die Algarve befand.
Der Schock stand uns in das Gesicht geschrieben. Zum ersten
Mal auf dieser Reise waren wir sprachlos und mussten diese
Nachricht erst einmal verdauen.
Zerknirscht gaben wir zu, dass wir uns verflogen hatten.
Ich konnte die Tragweite dieses Unglücks kaum fassen.
Die eigentliche Frage stellte sich, wo waren unsere Koffer
geblieben?

Kurzerhand machte uns die Reisebegleiterin begreiflich, dass
die Reisenden nach Madeira in Lissabon ausgestiegen sind
und das Gepäck, also auch unsere Koffer, am dortigen
Flughafen geblieben waren. Das passierte nicht alle Tage.
Jede Minute zählte.
Die Frage war, wie konnte dieses Desaster behoben werden?
Es hieß rechtzeitig nach Lissabon zurückzukommen um nicht
den Anschlussflug nach Madeira zu verpassen.
In unserer Not baten wir die Stewardess um Hilfe. Sie war
unser rettender Engel. Sogleich nach der Landung begann ein
Spießrutenlauf, im wahrsten Sinne des Wortes.
Wir verstanden kein Wort portugiesisch und unser Englisch
konnten wir nach dem Fauxpas der letzten Stunden sowieso
vergessen. Soviel stand fest, wenn wir rechtzeitig unser
Flugzeug nach Madeira erreichen wollten, mussten wir den
Anweisungen der Flugbegleiterin Folge leisten.

Sie sprach zum Glück die Landessprache und informierte jegliches Organ am Flughafen über das Missgeschick und in der Stunde der größten Not setzte eine wahre Rettungskette von Helfern ein. Ohne sie wären wir aufgesessen gewesen. Im Laufschritt liefen wir durch das Flughafengebäude. Vorbei an allen Kontrollorganen und durch den Zoll, ohne links und rechts zu schauen. Es gab nur ein Ziel und einen Auftrag: Im Eiltempo den Ausgang anzuvisieren. Dieses Spektakel sah nach einer wilden Verfolgungsjagd aus.

Bis heute, mehr als vierzig Jahre später, weiß ich nicht welche Erklärung unser rettender Engel dem Flughafenpersonal abgegeben hatte. Verwunderte Blicke folgten uns und wir fürchteten, festgenommen zu werden. Die selbstlose Stewardess verfrachtete meinen frisch angetrauten Ehemann und mich in ein Taxi. Dem ungläubig dreinblickenden Fahrer übertrug sie die Aufgabe, uns innerhalb der nächsten Stunde nach Lissabon zum Flughafen zurückzubringen.
Die kommenden Szenen waren filmreif.
Die Taxifahrt erinnerte mich an eine österreichische Fernsehwerbung von Alvorada Kaffee. Dabei saß eine Dame in einem Taxi. Der Fahrer flitzte rasant durch die Straßen. Die arme Frau konnte sich gerade so mit Händen und Füssen an dem Ledersitz festhalten und fragte den Fahrer: „Jo herns, warum forns so schnö, warum hudlnsn so. Wir wern uns no dastessn."
Ebenso wie der Fahrer aus der Werbung raste unser Taxifahrer im Höllentempo durch die Dörfer der Algarve. Männer und Frauen sprangen zur Seite und so manche Hühner und andere Tiere, die gemütlich in den Straßen herum lungerten, ergriffen in ihrer höchsten Not die Flucht, als wir hupend um die Ecken geschossen kamen.

Ich holte mehrmals tief Luft im Bewusstsein, dass wir die Fahrt nicht heil überstehen würden und warf meinem Ehemann ängstliche Blicke zu. Mit Armen und Beinen stemmten wir uns gegenseitig ab, um nicht noch mehr auf den Sitzen hin und her geschleudert zu werden. Sicherheitsgurte gab es damals noch nicht. Kein Wort kam uns über die Lippen. Es hieß nur beten und hoffen, dass das Abenteuer gut ausgehen würde. Als die Häuser von Lissabon vor uns auftauchten atmeten wir erleichtert auf. Geschafft! Der Taxichauffeur lachte wie ein Sieger nach einem Autorennen. Mit stolzer Brust zeigte er auf die Uhrzeit und meinte sinnbildlich: „ Na was sagt Ihr, das habe ich doch toll gemacht!"
Kopfnickend stimmten wir mit Schweißperlen auf der Stirn zu. Als Dank wurde der Mann von uns mit gebührendem Trinkgeld und den Fahrtkosten bezahlt.

Kaum im Flughafengebäude angekommen erfuhren wir von den aufgeregten Menschen, dass ein junges Paar vermisst wurde. Lediglich die Koffer waren vor Ort. Rasch klärten wir die Situation auf, dass wir das gesuchte Brautpaar waren. Anfangs sahen die Leute verblüfft drein und dann prasselten eine Menge Fragen auf uns ein. Mit großer Mühe konnten wir den besorgten Menschen unseren abenteuerlichen Flug und die Taxireise schildern. Sie schüttelten ungläubig den Kopf und freuten sich, dass alles gut ausgegangen sei und wir rechtzeitig in Lissabon angekommen waren.
Bald danach wurde der Flug nach Madeira aufgerufen.
Es gibt das Sprichwort 'Aus Fehlern lernt man'.
Von nun an nahmen wir uns vor aufmerksamer zu sein. Es dauerte noch eine Weile, bis wir den Schock unserer Anreise verdaut hatten.
Nach weniger als zwei Stunden landete das Flugzeug auf der

Blumeninsel Madeira. Die Erleichterung an unserem Ziel angekommen zu sein, stand uns ins Gesicht geschrieben. Ab diesem Zeitpunkt verlebten wir zwei wunderbare Flitterwochen.

2.

Opa Alex und der Wiener Dialekt

Meine Erinnerungen gehen zurück an das gute alte Wien. Es ist die Bundeshauptstadt von Österreich und liegt an der schönen blauen Donau, meinem Geburtsort. Die Kindheit verbrachte ich in einer Kleinfamilie mit Oma Hermine, Stiefopa Alex und meiner Mutter Irmgard. In meinem Umfeld spielte Kultur eine nicht unwesentliche Rolle, da mein Großvater einer Schauspielerfamilie entstammte. Opa Alex hatte es immer ein wenig geschmerzt, dass er nicht den Beruf eines Schauspielers ausüben konnte, so wie seine Brüder, Franz Böheim, Carlo und Alfred Böhm. Um sie in ihrem Schauspielstudium zu unterstützen, musste er einen „Brotberuf" annehmen. So verbrachte er sein weiteres Leben als Arbeiter. Nach dem zweiten Weltkrieg lernten sich meine Oma und Alexander kennen. Die beiden bezogen eine kleine Wohnung im sechsten Wiener Gemeindebezirk. Oma war eine 1 m50 kleine Frau und war von Natur aus sehr schüchtern. In Opa Alex verliebte sie sich unter anderem wegen seiner humorvollen Art und damit das Leben leicht zu nehmen, obwohl er nicht immer einfach war. Er besaß in unverkennbarer Weise dasselbe schauspielerische Talent wie seine Brüder. Kaum verging ein Tag an dem er nicht Anekdoten oder unterhaltsame Sprüche von sich gab. Oft fragte man sich woher dieser Mann die Ideen und Einfälle nahm und wir mussten uns vor lauter Lachen die Bäuche halten.

Mehr als vierzig Jahre nach seinem Tod danke ich ihm, dass er meine Kindheit mit seinem Humor bereichert hat.

Insgesamt war Opa Alex gänzlich offen für meine Ideen. Auch wenn ich mal traurig war oder Hilfe benötigte, sofort war er zur Stelle und holte aus seinem Repertoire spaßige Ablenkungen um mich zu erheitern.

In unserem Mehrparteienhaus in Wien wohnte unter anderem ein attraktiver, alleinstehender Herr. Von Berufswegen war er selten zu Hause. Zwischen ihm und meiner Oma entwickelte sich ein gutes nachbarschaftliches Verhältnis, sodass er Oma bei längeren Abwesenheiten bat, seine Blumen zu gießen und die Post zu verwalten.

Im Gegenzug brachte er Oma kleine Dankeschön Geschenke von seinen fernen Reisen mit. Manchmal kam es auch vor, dass sie eine Mahlzeit für ihn kochte.

Eine Anekdote blieb mir ganz besonders in Erinnerung: Wieder einmal ergab es sich, dass Oma mit einem Geschenk, es war ein Kletzenbrot, vom Herrn Nachbar nach Hause kam.

Schon lange beobachtete Opa mit Argwohn das gute Einvernehmen zwischen den Beiden. Nun platzte ihm der Kragen. Denn Oma erschien mit besagten frischen Kletzenbrot und geröteten Wangen in unserer Wohnung.

Opas Eifersucht war nicht mehr zu übersehen: „Wos host'n dauernd mit dem Mann z'tuan? Is des jetzt dei 'Haberer der mitn Kletznbrot'?"

Meine Mutter und ich begannen ob dieser Aussage herzlich zu lachen.

Erschrocken erwiderte Oma: „Na geh, des Kletznbrot hob i für uns olle ois Gschenk kriagt. Du brauchst oiso net eifersüchtig sei."

Insgeheim freute sie sich jedoch über seine Reaktion und schmunzelte in sich hinein.

Opa murrte irgendetwas Unverständliches in seinen nicht vorhandenen Bart und zog sich schmollend ins Wohnzimmer zurück.

Dieser legendäre Satz blieb uns allen ein Leben lang im Gedächtnis haften. Jahre später erfuhren wir, dass der liebe, fesche Nachbar kein Interesse an Frauen hatte und somit in unserer Familie Frieden einkehren konnte.

3.

Kindermund tut Wahrheit kund

Der Besuch in Mauerbach war schon längere Zeit geplant gewesen.
Oma und Opa Böhm hatten uns schon oft eingeladen, doch nie ist es sich zeitlich ausgegangen.Umso mehr freuten wir uns, dass es dieses Mal klappen würde.

Ruhig an Omas Hand zu gehen war nicht so mein Ding.
Von Natur aus war ich ein fröhliches und aufgewecktes Kind.
Ich hatte in mir einen großen Bewegungs- und Forscherdrang. Laufend fielen mir neue Ideen ein und niemand konnte sich sicher sein, dass ich dort blieb wo ich gerade war, dermaßen verlockend gestaltete sich meine Umwelt. Deshalb behielt mich Oma lieber im Auge.
Hingegen übernahm Opa die verantwortungsvolle Aufgabe eines Taschenträgers. Zwei voll bepackte Taschen indem sich unter anderem ein leckerer Gugelhupf befand, mussten mit größter Vorsicht getragen werden.

Als Opa, Oma und ich in der Marktgemeinde mit dem Postautobus ankamen, war es fast Mittagszeit. Die Sonne stand hoch am Himmel und wir schwitzten uns redlich ab.
Der Bus fuhr in die Haltestelle ein. Er war mit Fahrgästen und Schülern überfüllt.
Menschen standen in Position um rasch aussteigen zu können. Als sich die Türen des Busses endlich geöffnet hatten, strömten die Menschen nach draußen. Oma half mir beim aussteigen, wir blickten uns erschrocken um: „Wo war Opa Alex geblieben?"
„Hier bin ich", hörten wir ihn rufen.

Er hatte sich mit den Taschen etwas abseits gestellt, es wäre doch schade gewesen, wenn der leckere Gugelhupf kaputt gegangen und die Weinflaschen zerbrochen wären.

„Oma, ich hab' Durst", jammerte ich.

„Gleich meine Liebe", sie blickte verständnisvoll und versuchte mich zu trösten.

„Schau, wir gehen jetzt ein kleines Stück und dann sind wir schon beim Haus von Opas Eltern. Dort trinken wir einen guten Saft."

Wie immer sprach sie in einem so herzlichen Ton mit mir, dass ich gar nicht mehr weiter quengeln wollte. Ich vertraute ihr.

Ungeachtet der großen Hitze marschierten wir tapfer die Hauptstraße entlang. Zum Glück spendeten ein paar Bäume am Straßenrand ein wenig Schatten. Bald danach ging Opa rechts in eine Seitengasse und wir folgten ihm wortlos.

Nach ein paar Meter verkündete er erleichtert: „Wir haben es geschafft."

Vor uns lag ein geschmackvoll gebautes, ebenerdiges Einfamilienhaus mit roten Fensterläden und Blumentrog unter jedem Fenster. Beim Eintreten durch das kleine schmiedeeiserne Eingangstor erklang ein Glockenton. Die Eingangstüre ging auf und Herr und Frau Böhm begrüßten uns herzlich.

Damit es für mich als dreijähriges Mädchen nicht zu vewirrend war, sollte ich die beiden 'Böhmoma und Böhmopa' benennen. Kopfnickend nahm ich dies zur Kenntnis, dabei baumelten meine lang geflochtenen Zöpfe mit den rosa Maschen hin und her.

Freundlich blickte mich Böhmoma an. Mit ihrer hohen, stattlichen Figur flößte sie mir Ehrfurcht ein. Böhmopa schien ein gutmütiger, ruhiger Mann zu sein. Auch ihn schloss ich sogleich in mein Kinderherz.

Meine Freude war groß, denn es wohnte auch ein Dackel in der Familie welcher uns mit lautem Gebell freudig empfang. Fast hätte er mich umgeworfen, als er an mir hochsprang.

„Poldi aus", sprach Böhmoma ein strenges Wort und scheuchte ihn von mir weg.
„Brauchst keine Angst zu haben Monika, der tut dir nichts", sprach sie beruhigend auf mich ein.
Ich lachte und trat mit meinen festen Kinderfüßen selbstbewusst in das Haus.
Nach ein paar Schritten in dem gemütlichen Wohnzimmerbereich mit einem Kachelofen als Mittelpunkt, blickte ich mich lange und erstaunt um. Meine Augen weiteten sich.
Viele Fotos und Zeitungsausschnitte hingen an den Wänden. Erinnerungsstücke standen auf Kommoden und in Schränken. Insbesondere die großen Bibliotheksschränke mit Büchern, aber auch Zeitungen auf einen Stapel geschlichtet, verschlugen mir die Sprache.

Nach einigen Augenblicken des Nachdenkens platzte es aus mir heraus: „Na da schauts aber aus."
Für einen kurzen Moment herrschte im Raum betretene Stille. Oma hüstelte verlegen und bekam einen hochroten Kopf. Ihr war das im höchsten Maße peinlich, am liebsten wäre sie im Erdboden versunken.
„Monika, so etwas darf man nicht sagen", mahnte Oma mich und schüttelte ärgerlich den Kopf.

Oma und Opa Böhm hingegen nahmen meine Worte nicht persönlich und sie lachten herzhaft.

„Aber lasst sie doch. Kindermund tut Wahrheit kund", zitierte Böhmoma und sah mich verschmitzt an.

„Komm in die Küche mit. Da gibt es etwas Gutes zum Trinken", mit diesen Worten nahm sie meine Hand und wir schritten gemeinsam davon.

Ich atmete erleichtert auf, endlich gab es den versprochenen guten Saft.

4.

Ein kleiner Schreck in Ehren

Judith und Frank kannten sich mittlerweile ein Jahr und lebten gemeinsam in einem kleinen Appartement in der Stadt. Sie waren in Liebe verbunden und es stand für beide fest, dass sie ein Leben lang zusammen bleiben wollten.

Die geplante Hochzeit sollte in einem halben Jahr im Kreis der Familie und Freunden stattfinden. Mit der derzeitigen Wohnsituation waren sie nicht allzu glücklich. Das Appartement umfasste 35m² welches auf Dauer für das junge Paar zu klein war, denn sie planten eine Familie mit Kindern zu gründen. Schon lange sparten Judith und Frank jeden Euro um sich nach der Hochzeit ein Häuschen zu bauen.

Seit mehreren Monaten litt Judith an Schmerzen im Rücken und diese wurden immer unerträglicher. Eines Tages, es war ein Sonntag am frühen Morgen, passierte es, dass Judith sich vor Schmerzen krümmte und nicht mehr alleine aus dem Bett herauskam.

„Bitte hilf mir!", hörte Frank seine Verlobte verzweifelt rufen. Er war gerade dabei das Frühstück in der gemütlichen Wohnküche anzurichten. Mit schnellen Schritten lief er sofort in das angrenzende kleine Schlafzimmer und fand Judith weinend im Bett vor.

„Ich kann mich nicht alleine aufsetzen, die Schmerzen im Rücken sind wieder so arg", klagte sie.

Als Frank den erbärmlichen Zustand von Judith sah, wusste er, dass nun ein Machtwort gesprochen werden musste. Seit langem schon beobachtete er den Leidensweg von Judith. Bis dato hatte sie sich erfolgreich gegen eine Untersuchung ausgesprochen. Doch nun schien der Weg zum Arzt unausweichlich zu sein.

Mit strengem Blick sah er seine Verlobte an und sprach :
„Bitte Judith, sei endlich vernünftig und lasse dich
untersuchen. So kann es nicht weitergehen. Tag für Tag quälst
du dich ab. Am besten wird es sein, wenn ich dich ins
Krankenhaus bringe und dieses Mal möchte ich von dir keine
Widerrede hören."

Judith nickte machtlos und fiel angestrengt in ihr Bett zurück.

Sie bat Frank: „Aber bevor wir fahren, brauche ich noch
einen starken Kaffee."

„Na klar, den bekommst du sofort", schmunzelte er und
meinte weiter: „Weißt du was, ich bringe ihn dir ans Bett",
liebevoll beugte Frank sich zu seiner Patientin und küsste sie
auf den Mund.

Danach eilte er in die Wohnküche und Judith blieb mit ihren
Gedanken alleine zurück. Es tat gut zu erfahren, dass ihr
Verlobter auch in Ausnahmesituationen zu ihr stand und sie
unterstützte. Diese Tatsache beruhigte sie sehr. Allzu gerne
ließ sie sich von ihm verwöhnen.

Die beiden waren ein gutes Team und als Beweis ihrer Liebe
trachtete Judith immer danach hübsch und attraktiv für Frank
auszusehen. Abgesehen davon, legte sie selbst großen Wert
darauf, immer einen guten Eindruck zu machen und modisch
gekleidet zu sein. In ihrer momentanen Lage fürchtete Judith
jedoch um ihre Attraktivität, deshalb holte sie aus dem
Nachtkästchen einen Spiegel und einen Kamm. Entsetzt
betrachtete sie ihr Spiegelbild und seufzte auf. Unter ihren
Augen lagen Schatten und die ansonsten wohlgeformten
Haarlocken waren wirr zerzaust. Mit einem gekonnten Griff

frisierte sie ein paar Mal die Haare durch um Verbesserung zu erlangen.

Kurz danach kam Frank mit einem Tableau, auf dem eine Kanne Kaffee mit zwei Tassen und leckere Croissants aufbereitet waren, in das Schlafzimmer. Er stellte es neben dem Bett von Judith ab. Sie saß eingehüllt in einer kuscheligen Schlafdecke in Warteposition da und war von der Hilfsbereitschaft ihres Verlobten gerührt. Liebevoll lächelte sie Frank an und strich dabei sanft über seine Hand. „Danke, ohne dich wäre ich hilflos."

Einstweilen hatte sich im Raum der Duft des frisch gebrühten Bohnenkaffees verbreitet. Frank goss Judith und sich selbst eine Tasse ein. Sie trank ihren Kaffee am liebsten heiß und schwarz. Hingegen genoss Frank seinen Morgenkaffee am liebsten mit Milch und viel Zucker.
Während sie frühstückten betonte Judith: „Das ist ganz lieb von dir Schatz, dass du mich so verwöhnst. Du weißt, ohne Frühstück fühle ich mich als halber Mensch."
Und während sie sprach spürte sie die angenehme Wärme des Kaffees welche die Lebensgeister in ihr weckten.

„Mittlerweile kenne ich dich gut genug um das zu wissen", zwinkerte Frank zu ihr rüber und rührte mit dem kleinen Löffel in seiner Kaffeetasse um.

Nach dem Frühstück bestätigte Judith: „Fein, jetzt fühle ich mich wohler und bin für die Fahrt gestärkt."

Frank unterstützte sie nach Kräften beim Ankleiden und mit seiner Hilfe war Judith nach einer Stunde reisefähig.
Vorsorglich packten die beiden eine kleine Reisetasche mit den notwendigsten Utensilien für das Krankenhaus ein.
Gestützt auf seinem Arm verließen sie das Treppenhaus und

gingen zu seinem Wagen welcher in der Garage der
Wohnhausanlage stand. Um Judith das Einsteigen zu
erleichtern, fuhr er den Beifahrersitz ein Stück zurück. Mit
gequälter Miene nahm sie im vorderen Teil des Wagens Platz
und streckte ihre Beine ein wenig aus, gerade so, dass sie den
Schmerzen entgehen konnte.
„Geht es so für dich Liebling", erkundigte sich Frank besorgt.
„Ja ja, danke, du hilfst mir sehr. Bitte fahre einfach los. Da
muss ich irgendwie durch", gab sie zur Antwort und atmete
schwer auf.

Mit hohem Tempo fuhr Frank los. Es tat ihm in der Seele
weh, seine Verlobte so leiden zu sehen. In der Klinik
angekommen begann der formelle Teil der Anmeldung.

„Sind Sie das erste Mal bei uns?", befragte die Assistentin die
ankommende Patientin.
„Ich bin das erste Mal in diesem Krankenhaus. Kann ich
mich bitte setzen?", bat Judith hilfesuchend.
„Vielleicht kann ich bei den Angaben weiterhelfen", meldete
sich Frank unterstützend zu Wort.
„Meine Verlobte klagt schon längere Zeit über schlimme
Beschwerden im Rückenbereich und nun kann sie sich kaum
noch aufrecht halten."

Indessen ließ sich Judith auf einer der freien Stühle vis a vis
der Rezeption nieder und beobachtete das Treiben um sich
herum. Im Grunde genommen war ihr in diesem Moment
alles Recht. Sie wollte bloß rasch von ihren körperlichen
Qualen befreit werden. Die Assistentin blickte
verständnisvoll auf Frank und hielt ihm ein Schriftstück mit
den Worten entgegen: „Dieser Fragebogen wäre bitte
auszufüllen."
Er nickte und nahm den weißen Bogen entgegen. Im Beisein

von Judith arbeiteten sie die notwendigen Angaben durch. Danach gab er das Formular an der Leitstelle ab. Ab nun hieß es sich in Geduld zu üben und zu warten. Nach mehr als einer Stunde wurde Judith aufgerufen und in den Behandlungsraum gebracht. Frank ging währenddessen nervös im Flur auf und ab.

Nach einiger Zeit brachte man Judith von den Untersuchungen zurück und es hieß wieder: „Bitte warten. Der Befund wird ausgewertet." Eine gewisse Angespanntheit und Sorge stand ihr ins Gesicht geschrieben. Um sie auf andere Gedanken zu bringen lenkte Frank ihre Aufmerksamkeit auf die gemeinsamen Zukunftspläne und die beiden unterhielten sich darüber. Endlich wurden sie zur Befundbesprechung aufgerufen.

„Ich kann Sie beruhigen", sprach der Arzt und zeigte mit einer Armbewegung auf die Röntgenbilder am Leuchtkasten an der Wand. Er klärte Judith weiter auf: „Die Ursache Ihrer Schmerzen ist ein eingeklemmter Ischiasnerv. Wir behalten Sie einige Tage hier um eine entsprechende Medikation und Behandlung vorzunehmen."

Erleichterung machte sich bei Frank und Judith breit. „Gott sei Dank muss nicht operiert werden", stellten sie glücklich fest. Nachdem das Arztgespräch beendet war, brachte auf Anweisung des Arztes eine herbeigerufene Krankenschwester für Judith einen Rollstuhl. „Machen Sie es sich bequem", mit einer freundlichen Handbewegung wies er seine neue Patientin an, in diesem rollenden Gefährt Platz zu nehmen und stellte aufmunternd fest: „Bald werden Sie Ihre Schmerzen los sein, vertrauen Sie mir."

Judith bedankte sich und meinte: „Danke Herr Doktor. Sie sind alle sehr nett und hilfsbereit zu mir."

In Begleitung von Schwester Karla fuhren sie mit dem Fahrstuhl in den dritten Stock des Krankenhauses. Frank folgte der Krankenschwester welche Judith in ein Einbettzimmer - das neben dem Schwesternzimmer lag -, brachte. Die mitgebrachte kleine Reisetasche stellte er in den Einbauschrank neben dem Fenster. Mit einem Blick in das angrenzende kleine Badezimmer, stellte er wohlwollend fest: „Die Zusatzversicherung zahlt sich aus. Du bist hier gut aufgehoben und es wird dir an nichts fehlen."

„Wenn Sie etwas benötigen, bitte einfach nur diesen Knopf drücken", erklärte die Schwester zuvorkommend und verließ das Krankenzimmer.

„Ich fühle mich wohl hier", antwortete Judith und begab sich langsamen Schrittes in das kleine Bad um sich umzuziehen. Danach fiel sie erschöpft in das vorbereitete Bett.

Frank beobachtete sie und meinte: „Ruhe dich einfach aus. Bald wirst du deine Schmerzen los sein."

„Ja ich weiß und ehrlich gesagt, ich bin froh hier zu sein", gab sie zu.

Mit einer herzlichen Umarmung verabschiedete sich Frank von seiner Verlobten. Judith schlief bald darauf in ihrem neuen Domizil ein.

Nach einigen Tagen der verordneten Behandlungen im Krankenhaus ging es ihr schon sichtlich besser. Sie fasste wieder neuen Lebensmut und konnte körperliche Bewegungen bald gänzlich ohne Schmerzen ausführen. Nur das mit der Bettruhe hielt sie so gar nicht gerne ein, sie war von Grund auf eine unruhige Person. Wenn Ruhe in den Krankenhausgängen einkehrte und sie niemand sehen konnte, schlich sie aus ihrem Zimmer.

Bei ihren Ausflügen geschah es eines Tages, dass plötzlich einige Ärzte aus dem Besprechungszimmer heraustraten. In ihrer Angst entdeckt zu werden, lief Judith hastig ohne zu überlegen in ihr Zimmer zurück und sprang in das Bett hinein.

Plötzlich schrie das Bett auf: „Hiiilfe", also nicht das Bett schrie Hilfe sondern der Patient, welcher in diesem drinnen lag. Judith schrie ebenfalls auf, denn sie hatte angenommen, dass sei ihr Zimmer und ihr Bett. „Oh, ich…...oh Gott", stammelte Judith.

Der Herr mittleren Alters in dem Krankenbett war hochgeschreckt.

Ein bitterböser Blick traf Judith. „Was fällt Ihnen ein, einfach auf mich zu springen?", schrie er Judith erbost an.

Diese war dermaßen geschockt, dass sie im Moment kein Wort herausbrachte. Als der Mann jedoch die junge und hübsche Frau sah, beruhigte er sich zunehmend und meinte nun höflicher: „Darf ich Ihnen helfen?"

Indessen wurde das Krankenpersonal auf den Gängen obgleich des Lärms aufmerksam und eine Krankenschwester trat in das Krankenzimmer ein. Rasch sprang Judith auf, dabei klaffte der Schlafmantel welcher lose mit einem Gürtel zusammengehalten wurde, etwas auseinander und legte ihre schlanken wohlgeformten Beine frei. Mit geröteten Wangen rang sie nach Fassung und zog den Gürtel mit ihrer rechten Hand fester zusammen.

„Frau Pertlich, was suchen Sie hier?", fassungslos starrte die Schwester die Patientin an.

„Ich…... entschuldigen Sie", stammelte Judith verlegen mit rotem Gesicht und sprach: „Ich habe mich wohl im Zimmer geirrt."

„Ja das denke ich auch", meinte die Nachtschwester mit verständnislosem Blick.

Sofort packte sie die Patientin unliebsam am Arm und geleitete sie aus dem Herrenzimmer.

„Ich wünsche Ihnen noch einen schönen Abend", rief der verdutzte Mann der hinaustretenden Judith nach.

„Danke," antwortete sie verlegen und ohne sich umzudrehen verließ Judith im Beisein der Krankenpflegerin das Zimmer. Als die beiden Frauen in Judiths Krankenzimmer ankamen, meinte die Krankenschwester nun milder im Ton : „...und wenn Sie sich wieder einmal die Füße vertreten wollen, dann bitte achten Sie darauf, dass Sie nicht im falschen Zimmer landen."

„Selbstverständlich. Es wird nicht wieder vorkommen", gab Judith kleinlaut zur Antwort und war froh, endlich heil in ihrem eigenen Bett gelandet zu sein.

5.

Der Singletreff

Es regnete in Strömen als Elise bei dem Gasthof in dem kleinen Ort mit ihrem Auto ankam. Mittlerweile war es achtzehn Uhr zwanzig und stockdunkel, für diese Jahreszeit im November nichts Ungewöhnliches. Elises Augen mussten sich immer erst an die Dunkelheit gewöhnen, wenn sie Auto fuhr. Aber zum Glück hatte die Anreise nur eine dreiviertel Stunde gedauert. Sie parkte ihren Wagen auf dem gegenüberliegenden Parkplatz des Gasthauses. In gewohnter Manier erschien sie zehn Minuten vor dem vereinbarten Termin und wartete einfach die Zeit ab, bis ihre Freundin ankam.

Jedoch an diesem Abend war es gar nicht lustig zu warten. Bedingt durch den starken Regen bildeten sich kleine Bäche, welche die Landstraße hinunterflossen. Es war unausweichlich, dass man sich dabei nasse Füße holen musste und gerade dies wollte Elise vermeiden. Deshalb blieb sie kurzentschlossen im Auto sitzen.

Nach wie vor regnete es in Strömen und der Wind klatschte den Regen gegen die Fensterscheiben, die Sicht aus dem Auto war gleich Null.

'Eigentlich gehörte man eingesperrt', überlegte Elise, wenn man bei diesem Wetter 'außer Haus ging'.

Lieber würde sie jetzt im warmen Zimmer bei einer Tasse Tee eingehüllt in ihrer Kuscheldecke sitzen, als sich hier womöglich einen gehörigen Schnupfen zu holen.

„Schluss jetzt", schimpfte sie laut vor sich hin: „Jammern bringt mich auch nicht weiter."

Der Termin des Singletreffs stand schon lange in ihrem

Kalender in Rot vermerkt und außerdem hatte sie ihrer Freundin Marie versprochen, dass sie gemeinsam zu diesem Event gehen wollten. Jede für sich war froh nicht alleine hingehen zu müssen, dazu fehlte ihnen der Mut.

Vereinbart war, dass sie sich eine halbe Stunde vorher vor dem Gasthof treffen würden und dann in das Lokal gehen wollten. So hofften sie, prüfende oder unangenehme Blicke der Anwesenden besser verkraften zu können. Sozusagen unter dem Motto 'Gemeinsam sind wir stark'.

Der offizielle Einlass war mit neunzehn Uhr festgelegt. Konzentriert verfolgte sie das Geschehen auf der Straße. Ihre Beobachtungen galten den ankommenden Menschen welche in das Lokal gingen.

Mittlerweile zeigte die Uhr Achtzehn Uhr dreißig an und Marie war noch immer nicht da. Hilflos biss Elise die Zähne zusammen und stieg bewaffnet in der rechten Hand mit ihrem Regenschirm - wie auf Storchenbeinen -, aus ihrem Wagen heraus. Die Sorge galt ihren Halbschuhen und Füßen. Auf gar keinen Fall durfte es geschehen, dass sie in die großen Regenpfützen stieg welche die Straße säumten.

Die Handtasche hing sie sich um die rechte Schulter, somit konnte sie mit der freien linken Hand den Regenschirm rasch öffnen um nicht noch mehr Regentropfen in ihr Gesicht zu bekommen. Die Nässe und die Kühle durch den Regen waren nicht gerade angenehm und so hoffte sie, dass ihre Freundin gleich erscheinen würde.

Aber nichts dergleichen geschah.

Währenddessen trippelte sie gekonnt um kleine oder größere Regenpfützen herum und landete wohlbehalten vor der Eingangstüre des Lokals.

Plötzlich läutete das Handy in Elises Handtasche. Rasch holte sie das kleine Mobiltelefon heraus.

„Bist du schon da?", wollte Marie wissen.

„Ja, ich warte auf dich Marie, was ist los?", gab Elise beunruhigt zur Antwort.

„Es tut mir ja so leid, aber ich sitze noch immer im Büro fest. Die Projektarbeit muss heute abgeschlossen werden und es dauert leider länger als ich gedacht hatte. Bitte gehe alleine zur Singleparty hinein und ich komme so rasch als möglich nach", erklärte Marie voller schlechtem Gewissen.

„Nein, ich gehe da auf gar keinen Fall alleine hinein", bekundete Elise böse und meinte: „Wir haben ausgemacht, dass wir gemeinsam zum Singletreff gehen."

Kurzzeitig entstand eine peinliche Pause.

Marie begann als erste mit beschwörenden Worten auf ihre Freundin einzureden: „Elise, horch mir jetzt mal gut zu, du schaffst das, auch ohne mich. Du gehst da jetzt hinein, hörst du mich!", ihre Worte kamen nun kräftiger zu Elise herüber.

Diese stöhnte laut und hilflos auf: „Nein, oh nein, ohne dich gehe ich da auf gar keinen Fall hinein! Am besten wird es sein, wenn ich wieder nach Hause fahre."

„...nein, das wirst du nicht tun, atme tief durch und mach dich bitte nicht verrückt. Ich weiß, dass du das schaffst", Marie mit Befehlston.

„Sei jetzt stark. Möchtest du einen netten Singlemann kennenlernen, ja oder nein?", stellte Marie ihre Freundin vor die Wahl.

Elise atmete schwer auf: „Ja schon, aber es war ausgemacht, dass wir gemeinsam da hingehen," entgegnete sie und im Gedanken sah sie sich wieder nach Hause fahren. Frustriert und traurig, dass aus diesem Abend nichts geworden ist.

Wertvolle Zeit verstrich, bis Maries Überredungskünste gefruchtet hatten.

„Horch mir zu, du gehst da jetzt hinein und suchst dir einen

netten Tischnachbarn aus."
„Na gut, aber nur auf deine Verantwortung, gehe ich da
hinein," stellte Elise trotzig fest und gab sich geschlagen.
Da musste sie alleine durch, schließlich und endlich war es
ihre Idee gewesen dieses Event aufzusuchen.
„Tschüs Marie und bitte komme so rasch als möglich nach,"
beschwörte sie die Freundin.
„Ja meine Liebe, das mache ich. Viel Glück!", antwortete
Marie und beendete das Gespräch in der Hoffnung, dass
Elises Mut siegte.

Wenn es so etwas wie eine Bestimmung im Leben gab dann
war es Schicksal, welches arrangierte, dass Elise alleine
diesen Abend begehen sollte.
Nachdem sie sich telefonisch von der Freundin verabschiedet
hatte, trat Elise durch das schöne schmiedeeiserne Tor in den
Gasthof ein. Im ersten Moment befand sie sich in einer der
gemütlichen mit viel Holz eingerichteten Gasträume.
Nun war ihr klar, jetzt gab es kein Zurück mehr.
Gefühlsmäßig befand sie sich wie in einem Alptraum.

Der Wirt begrüßte sie freundlich und lächelte ihr
aufmunternd zu. Mit einer Handbewegung zeigte der Mann
Elise an, in den nächstgelegenen Eingangsbereich neben der
Gaststube einzutreten. Das Herz klopfte ihr bis zum Hals und
am liebsten wäre sie weggelaufen.
Doch halt, sogleich wurde sie von einer freundlichen Dame
in den Veranstaltungssaal weitergeleitet und erhielt ein
Kärtchen mit einer Nummer. Danach bezahlte Elise einen
kleinen Unkostenbeitrag.
Man erklärte ihr die Abläufe der Veranstaltung. Wie
befürchtet, richteten sich alle Blicke auf die neu ankommende
Person.

Zum Glück konnte Elise dies nicht sehen, garantiert hätte sie die Flucht ergriffen. Sie war sehr hübsch anzusehen in ihrem blauen Hosenanzug mit einer hellblauen Bluse und passendem Tuch. Die Haare hatte sie gekonnt aufgesteckt und mit kleinen bunten Haarklammern geschmückt. Unglücklich und innerlich verzweifelt stand sie da. Elise blickte kurz in den Raum und es graute ihr, nirgends gab es freie Plätze. Männer und Frauen saßen dicht gedrängt nebeneinander. Wo sollte sie sich hinwenden? Ihre Hilflosigkeit bemerkte die erfahrene Dame an der Kasse. Sie besaß große Menschenkenntnis und erkannte auf Anhieb, dass Elise zu den unerfahrenen Singles gehörte. Mitfühlend ermunterte sie Elise mit den Worten: „Sehen Sie da hinten rechts den jungen Mann? Mit der schwarzen Hose und dem weißen Hemd? Neben ihm ist noch ein Platz frei. Gehen sie dorthin", und lächelte ihr vielsagend zu.

„Ich danke Ihnen", antwortete Elise erleichtert auf, denn sie hätte nicht gewusst wie sie es am besten anstellen sollte einen geeigneten Platz zu bekommen. Es war ihr nicht entgangen, dass einige Menschen sich schon sehr angeheitert unterhalten hatten und sie fühlte sich fehl am Platz. Noch nie in ihrem Leben war sie bei einer Singleparty gewesen und hatte keinerlei Erfahrung wie es dabei ablief. Mit raschem Schritt ging sie zu dem erwähnten freien Platz und setzte sich neben den wirklich gut aussehenden Herrn. Froh und dankbar angekommen zu sein, fühlte sie sich innerhalb dieser Gruppe sicher. Von den umsitzenden Damen und Herren wurde Elise freundlich begrüßt. Verstohlen blickte sie zu ihrem Sitznachbarn, er gefiel ihr ausnehmend gut. Ohne Umschweife stellte er sich bei ihr vor und sie waren sich auf Anhieb sympathisch. Sein Name war Fabio und er gestand ihr, dass er froh war, in ihr eine geeignete

Gesprächspartnerin gefunden zu haben.

Diese Begegnung begann sogleich mit einer Gemeinsamkeit. Elise erfuhr von Fabio, dass er ebenfalls zum ersten Mal an einem Singletreffen teilnahm. Die Gesprächsbasis der beiden verlief dermaßen angeregt, dass sie die Ansage der Veranstalterin überhört hatten.

Die Dame plauderte aus dem Nähkästchen und erzählte einige aufmunternde Anekdoten und Erfolgsgeschichten ihrer beliebten langjährigen Singlepartys. Danach wünschte sie allen Anwesenden einen erfolgreichen Abend und die Menschen applaudierten zum Abschluss.

Es war nicht zu übersehen, dass sich Fabio und Elise sympathisch waren. Angeregt unterhielten sie sich, doch durch die zunehmende Lautstärke der anderen Singles im Saal war eine normale Unterhaltung nicht mehr möglich.

„Gehen wir woanders hin, bei diesem Lärm verstehe ich mein eigenes Wort nicht mehr", erklärte Fabio und meinte weiter: „Bist du einverstanden?"

Elise freute sich sehr über dieses Angebot. Obwohl sie keine Erwartungshaltung am Anfang dieses Abends hegte und im Grunde genommen am liebsten nach Hause gefahren wäre, entwickelte sich dieses Aufeinandertreffen absolut überraschend.

„Ja gerne können wir noch woanders hingehen", bestätigte sie und lächelte Fabio an.

Beim Verlassen des Lokals warf ihnen die nette Dame am Eingang einen verschmitzten Blick zu und wünschte alles Gute. Die Situation fühlte sich für Elise fast unwirklich an. Von Anfang an lief alles in eigenartiger Weise nach einem gewissen Plan ab, als ob dieser Abend für sie und Fabio vorbestimmt gewesen wäre und Marie war bis dato nicht erschienen.

Als Treffpunkt war ein gemütliches Kaffeehaus in der angrenzenden Stadt ausgemacht. Innerlich vor Freude aufgewühlt stieg Elise in ihren Wagen und wählte die Nummer von Marie. Nach mehrmaligen Läuten hob die Freundin endlich ab.

„Hallo Marie, hier ist Elise,.....stell' dir vor, ich habe tatsächlich einen netten Mann kennengelernt", platzte Elise hervor.

„Was?, das sind ja gute Nachrichten", freute sich die Freundin ehrlichen Herzens.

„...und werdet ihr euch wieder treffen?", hinterfragte Marie.

„Das weiß ich noch nicht so genau. Im Lokal konnten wir uns wegen dem Lärm nicht mehr gut unterhalten und Fabio schlug vor noch woanders hinzugehen", schilderte Elise die Vorkommnisse des Abends.

„Aha, also Fabio heißt er", bekundete Marie mit einem Schmunzeln auf den Lippen, welches Elise nicht sehen konnte.

„Nun, dann brauche ich mir um dich keine Sorgen machen. Leider sitze ich noch immer bei meiner Arbeit fest. Aber in der nächsten halben Stunde mache ich Schluss und fahre nach Hause. Ich bin echt total erschöpft. Mit mir hättest du heute Abend sowieso keine Freude gehabt, umso mehr freue ich mich für dich", bestätigte Marie.

„Ich freue mich auch, Fabio ist sympathisch. Aber mehr kann ich noch nicht sagen", gab Elise zu verstehen.

Insgeheim machte sie sich ein wenig Sorgen, denn Fabio war offensichtlich jünger als sie. Rasch schüttelte sie diese hinderlichen Gedanken ab und bemühte sich positiv zu denken.

„Du schaffst das schon. Ich halte dir auf jeden Fall die Daumen, dass er dein Traummann ist. Tschüs und viel Glück", verabschiedete sich Marie.

„Für dich toi toi, dass du bald deine Arbeit abschließen kannst, tschüs", Elise beendete das Gespräch und fuhr sofort los.

Fabio traf indessen am vereinbarten Treffpunkt ein. Er betrat das Kaffeehaus welches eine traditionelle Note pflegte und ein Familienunternehmen war. Sein Blick glitt in die Runde, jedoch konnte er Elise nirgends entdecken und somit setzte er sich in eine der ruhigen Nischen beim angrenzenden Eingang.

„Hallo Fabio, hier bin ich", sie trat zu ihm an den Tisch.

„Fein, ich freue mich, dass du es geschafft hast", begrüßte er Elise.

„Was darf ich Ihnen bringen?", erkundigte sich der hinzugetretene Kellner.

„Ich hätte gerne einen Cappuccino und bitte ein Glas Leitungswasser dazu", bestellte Elise.

„..und mir bringen sie bitte ein Cola", erwiderte Fabio.

„Gerne, kommt sofort", antwortete der Kellner höflich.

„Hier ist es richtig gemütlich", stellte Elise fest.

Ihre Beobachtungen bezogen sich auf den Kamin mit dem lodernden Feuer, welches eine angenehme Behaglichkeit in den Räumlichkeiten des Kaffeehauses verströmte. Wenige Gäste waren zu so später Stunde anwesend.

..ähm, finde ich auch", pflichtete Fabio seiner Begleiterin bei und lächelte sie an.

Nach kurzer Zeit plauderten sie wie alte Freunde die sich seit langer Zeit nicht mehr gesehen hatten. Es gab viele Themen die ihnen in den Sinn kamen und der Gesprächsstoff schien nicht enden zu wollen.

Plötzlich tauchte der Kellner mit den Worten auf: „Darf ich Sie auf unsere Sperrstunde um 24 Uhr aufmerksam machen?"

Fabio blickte auf und antwortete: „Ja klar," und zu Elise

gewandt meinte er: „Du bist eingeladen".
Sogleich beglich er die Rechnung und sie bedankte sich bei ihm für die Einladung.
„Ich freue mich, dass wir uns kennengelernt haben. Wenn du möchtest, tauschen wir unsere Telefonnummern aus um ein weiteres Treffen zu arrangieren", ergriff Fabio die Initiative.
„Eine gute Idee", Elises Miene hellte sich auf.
Sie war sehr glücklich, denn somit ergab sich die Möglichkeit mit einem Gleichgesinnten gute Gespräche zu führen. Und obwohl er sichtlich jünger war, schien seine Weltanschauung eines gereiften Mannes zu sein. Seit langem hatte Elise keinen annähernd so schönen Abend verbracht und sie freute sie sich auf ein Wiedersehen mit ihm.

Seit diesem Kennenlernen verging kein Tag an dem die beiden nicht miteinander telefonierten. Grundsätzlich hätte gegen eine Partnerschaft nichts gesprochen, Elise war Single, geschieden und hatte zwei große Kinder. Fabio war Single und Junggeselle. Sein Traum war es gewesen 'Ein Haus zu bauen, Baum zu pflanzen und ein Kind zu zeugen'.
Leider gab es da einen Wermutstropfen der unausweichlich war. Elise war fünfundvierzig Jahre und Fabio zehn Jahre jünger. Er plante noch eine Familie mit Kindern zu gründen. Jedoch für sie war dieses Thema abgeschlossen. Aufgrund ihrer Lebenspläne stand fest, dass sie beide keine Chance füreinander hatten. Nun stellte sich die Frage, war ihre Liebe stark genug um alle Hürden zu meistern oder war sie zum Scheitern verurteilt?

Nach mehr als einem Monat gemeinsamer Unternehmungen entwickelte sich eine wunderbare Freundschaft. Beide ahnten noch nicht, dass sie sich ineinander verliebt hatten. Nach einem halben Jahr, getrauten sie es sich noch immer nicht

einzugestehen, dass sie unzertrennlich und wie füreinander geschaffen waren.
Gemeinsam verbrachten sie jede freie Minute, die Wochenenden, Freizeit und Urlaub miteinander. Bei einer Tanzveranstaltung geschah es, dass sie sich das erste Mal küssten. Ab diesem Zeitpunkt war nichts wie es einmal gewesen war.
Aufreibende Zeiten von Nähe zulassen und dann wieder aus Angst Rückzug zu leben, belastete das Paar. Sie spürten, dass der Eine ohne den Anderen nicht sein konnte und sie in tiefer Liebe zueinander verbunden waren. Auch ohne Worte verstanden sie sich blindlings und vertrauten einander. Wenn es so etwas wie einen Seelenpartner gab, dann hatten sie sich gefunden.
Die Zeit verging rasch und bald war ein Jahr um. Es war klar, dass eine Entscheidung in dieser Beziehung gefällt werden musste. Bis dato erlebten sie eine Zerreißprobe an Gefühlen. Angst und Unsicherheit begleiteten die beiden Menschen und jeder für sich hinterfragte, wie ein Leben miteinander, trotz der unterschiedlichen Lebenspläne, aussehen sollte. Noch immer wurde keine Entscheidung gefällt. Insgeheim grübelte Elise, ob sie es verantworten konnte, ihrem Freund im Wege zu stehen und die Chance zu nehmen, das Glück einer schönen Beziehung mit Familie und Kindern zu leben und umgekehrt schien er nicht den Mut zu haben, den entscheidenden Schritt zu setzen und Elise zu verlassen, zu sehr liebte er sie.
Wie durch eine höhere Fügung wurde eine Einladung seitens Fabio an Elise ausgesprochen, buchstäblich in letzter Minute zur Rettung der unglücklich Verliebten. Wegen beruflicher Gründe musste Elise die Einladung ablehnen und zusätzlich verspürte sie eine Intuition, dass er alleine fahren sollte. Die Reise war von seinem Tauchverein organisiert worden und

durch den Ausfall von Elise wurde Fabio vom Vereinsorganisator gebeten, eine weitere Person in seinem Fahrzeug mitzunehmen.
Die Verabschiedung von Fabio verlief emotional. Ein mulmiges Gefühl machte sich in ihr breit. Als ob es der letzte Abschied gewesen sein sollte. Tage vergingen ohne eine Nachricht von Fabio. Dies beunruhigte sie sehr. Grundsätzlich war es nicht seine Art gewesen sich nicht zu melden. Im Gegenteil. Oft rief er sie dreimal am Tage an. Dann endlich,... nach einer Woche sehnsüchtigen Wartens meldete sich Fabio telefonisch. Diesen Augenblick wird Elise in ihrem Leben nie mehr vergessen können.

Gerade, als sie im Begriff war mit den Eltern das Kaufhaus zu verlassen, läutete das Handy. Hastig holte Elise das Telefon aus ihrer Handtasche. Mit einem kurzen Aufschrei atmete sie erleichtert auf. Endlich, der Anrufer war Fabio!

„Hallo Fabio, ich freue mich, dass du dich meldest. Ist alles in Ordnung bei dir?", erkundigte sie sich ahnungslos.
Er fiel ihr ins Wort:"...ich muss dir etwas gestehen, ich habe die Frau meines Lebens gefunden", sprudelten die Worte nur so aus ihm heraus.
In diesem Moment wurde Elise der Boden unter den Füßen weggezogen und sie brachte keinen Ton hervor. Im Gegensatz zu ihm: „Kannst du dich erinnern? Ich habe dir von der jungen Frau erzählt, die ich auf die Reise in meinem Wagen mitnehmen sollte. Wir haben festgestellt, dass wir uns von früher her kennen. Damals verloren wir uns aus den Augen. Mittlerweile schmieden wir gemeinsame Zukunftspläne und wollen heiraten. Nun was sagst du dazu?", erkundigte er sich überschwänglich bei Elise.
Diese Nachricht traf sie wie ein Keulenschlag. Die endgültige

Entscheidung war gefallen und Elise wusste was zu tun war. Ab sofort hieß es, ihren Freund aus ihrem Herzen zu entlassen. Auch wenn sie sich schmerzlich eingestehen musste, dass er die große Liebe ihres Lebens gewesen war. Sie bemühte sich um Fassung und sprach in leichtfertigem Ton: „Ich freue mich natürlich für dich und wünsche dir viel Glück."
Rasch beendete sie das Gespräch um nicht loszuheulen. Geschockt bewegte sie sich ein Stück des Weges vorwärts. Auf Grund des leichenblassen Gesichtes von Elise fragten die Eltern: „Wer war am Apparat? Ist etwas passiert? Du siehst gar nicht gut aus Kind?"
„...er wird heiraten,......nächstes Jahr will er heiraten...", hörte sich Elise wie ferngesteuert sprechen.
„Wer wird heiraten?", verständnislos sahen die Eltern sich an.
„Fabio,......Fabio wird heiraten", kopfschüttelnd stand Elise da.
In den kommenden Monaten versuchte sie ihren Abschiedsschmerz durch Schreiben aufzuarbeiten und verfasste mehrere Liebesgedichte aus ihrer gemeinsamen Zeit. Dadurch verlor sie diesen Mann nie aus ihrem Herzen. Nach mehr als einem Jahr liefen sich die beiden zufällig über den Weg. Fabio erzählte, dass sein Lebensplan genauso eingetreten war, wie er es vorausgesagt hatte. Mittlerweile lebte er glücklich mit Frau und Kind in seinem selbstgebauten Haus.

6.

Tagebuch einer Hundebesitzerin

Gina, mein zehn Monate junger Welpe ist eine Langschläferin.
Jegliche Zeit vor sieben Uhr ist ihr fremd. Wenn sie dann aber munter ist und ich noch im Bett liege, tapst sie lautlos in mein Schlafzimmer und hüpft rasch in mein Bett. Kuschelt sich zu mir und mit großer Mühe macht sie sich ganz klein um nicht aufzufallen. Sie will ja nicht aus dem Bett geworfen werden. Aber ich weise sie zurecht und sage zu ihr: „Gina geh' auf deinen Platz".
Sodann nehme ich sie liebevoll hoch und bringe sie wieder ain ihr Körbchen zurück. Klar, ich muss mich zwingen ernst zu bleiben und ja, es ist wirklich gemütlich mit so einem warmen Wollknäuel im Bett. Doch ich bin der Meinung, dass Hunde nichts im Schlafzimmer verloren haben und schon gar nicht in meinem Bett. An das muss sie sich erst gewöhnen.
Nach einigen Monaten fällt mir auf, dass mein kleiner Hund mittlerweile ohne Gassi gehen während der Nacht mehr als zehn Stunden durchhält. Kein einziges Mal hat sie ein Lackerl in die Wohnung gemacht. Als Belohnung fürs Durchhalten bekommt Gina von mir ein besonders gutes Leckerli.

In der Früh nach dem Aufstehen begebe ich mich in das Bad und meine junge Mitbewohnerin läuft neugierig hinterher. Gina freut sich auf neue Abenteuer und wedelt mit ihrem Schweif. Sie ist zu jeder Schandtat bereit. Im Bad ist es ja wirklich lustig!

Ich werde nicht aus den Augen gelassen. Sie steht da und schaut mir interessiert mit ihren treuherzigen Hundeaugen zu. Wenn das Wasser lustig plätschert, bellt sie schon mal los. Mein Bekleidungsritual ist überhaupt für Gina das Highlight des Tages...ständig stibitzt der Welpe Gewand von mir, das ich ihr wieder abluchsen muss. Sie denkt sich wohl: 'Was Frauchen da alles so hat. Aha, Höschen und Büstenhalter, Strumpfhose'.

Schwuppdiwupp... mittlerweile hat sie meinen Socken verschleppt, welche ich mir schön säuberlich hergerichtet habe. Im Laufschritt laufe ich ihr hinterher und ergattere meinen Socken wieder. Gina dreht kampflustig um, saust in das Bad und schnappt sich als Ausgleich meine Strumpfhose. Diese ist ja nicht minder interessant und zieht kräftig an dem Stück. Rasant flüchtet sie mit ihrer neuen Beute in das Wohnzimmer. Ich schimpfe hinterher: „Gina! Wir können nicht Gassi gehen, wenn du mich aufhältst!"

Wiederum manipuliert sie mich mit ihrem süßen Dackelblick und lässt endlich die Strumpfhose los. Ungeachtet meiner Schimpfparolen rast sie in einem Höllentempo mit ihren kleinen Hundefüßen in das Badezimmer und schnappt sich die Wattepads.

Puh, ich noch ein wenig verschlafen, suche mittlerweile meinen zweiten Socken, meinen Pulli den sie ja auch verschleppt hat und endlich komme ich ausgehfertig im Wohnzimmer an.

Da sitzt sie mit ihrem treuherzigen Blick und süßem Goscherl und freut sich mit den Pads im Maul ihres Lebens. Ich nehme ihr schmunzelnd die Beute ab, alles wieder okay.

Die Schlafzimmertüre darf ich nicht lange offen lassen, leider bin ich darin noch etwas nachlässig, wer hat es sich mittlerweile in meinem Bett gemütlich eingerichtet, natürlich Gina! Sie schaut ja echt süß aus, wie sie so daliegt und sich unter meiner Decke versteckt. So wie die Lage aussieht, möchte sie mit mir Verstecken spielen. Doch dazu habe ich momentan keine Lust und weise sie zurecht, dass sie im Schlafzimmer nichts zu suchen hat.

Voller Freude, dass ich sie gefunden habe, springt sie aus dem Bett heraus. Schaut sich schelmisch um.. wartet ab,… beobachtet mich, …geschwind ist sie wieder im Badezimmer.

Ich frage mich: „Was stellt sie jetzt bloß wieder an?"

So schnell kann ich gar nicht sein, um ihre Streiche zu durchschauen. Meine innere Uhr geht in der Früh noch ein wenig langsam. Es kommt schon einmal vor, dass ich übersehe, dass Gina frisch und fröhlich mit dem Handtuch und Waschlappen im Schlepptau aus dem Badezimmer heraus spaziert.

Wow, ich merke, dass mir ein starker Kaffee fehlt und mein Butterbrot. Danach bin ich für so ein närrisches Wollknäuel wieder fit!

Mittlerweile habe ich alle Räume gelüftet, doch muss ich darauf achten, dass ich die Zimmertüre wieder schließe. Wer weiß, welchen Schabernack Gina noch anstellt. Indessen ist sie ein wenig müde und in ihrem Körbchen gelandet. Ich stehe unter ihrer Beobachtung, denn sie wartet brav auf meinen Zuruf: „Komm, wir gehen Gassi."

Voller Enthusiasmus springt sie an mir hoch und schlägt fast Purzelbäume, so glücklich macht Gina die Ankündigung, dass wir endlich hinaus gehen. Wenn es bloß das leidige Halsband nicht gebe. Hundehalsband anlegen ist ihr jedes Mal ein Gräuel. Da ziert sie sich und läuft immer davon. Mit einigen Leckerli kann ich sie locken, zwischenzeitlich läuft sie zweimal weg. Doch dann endlich sitzt sie brav vor mir, hebt ihr Pfötchen bzw. hilft beim „Anziehen" mit. Weil sie ja weiß, jetzt gibt es Leckerli. Danach verschleppt sie mir noch als Draufgabe meine Hausschuhe oder Handschuhe und Achtung, wenn mir etwas runter fällt, hat sie es als Erste erwischt und rennt davon. Gott sei Dank, wir haben es geschafft, junge Hundebesitzern und Welpe kommen aus dem Haus.

Beim Gassi gehen treffen wir viele Hundefreunde von Gina. Den riesengroßen ungarischen Steppenhund, sein Name ist Astor. Ihn mag sie besonders gern, und dass er sie um fast zwei Meter überragt macht ihr gar nichts aus. Sie liebt seine stoische Ruhe. Keifende Artgenossen mag sie nämlich gar nicht.
Snoppy, der kleine süße Mops hat Respekt vor meiner Hündin. Gina ist fast einen Kopf größer als er und doch steht er 'seinen Mann'. Mit Pancho, dem großen, liebenswürdigen Mischlingshund, hat Gina das schwarze Fell gemeinsam. Gina hat zusätzlich noch eine weiße Stelle am Hals und die Schnauze ist auch weiß.
Noch viele andere Hunde-Spielkameraden lernen wir kennen. Besonders möchte ich Cindy ein Retrievermädchen hervorheben, sie ist ebenfalls ein Welpe. Bei den Hundemädels muss es 'Liebe auf den ersten Blick' gewesen sein. Von Anfang an verstehen sie sich prima. Die beiden verbringen viel Zeit damit im Garten nachlaufen zu spielen. Zudem besuchen sie dieselbe Hundeschule. Aus den Welpen

sollen schließlich einmal wohlerzogene Hunde werden. Ich finde, es ist für alle Beteiligten wichtig. Für den Besitzer, den Mitmenschen und für den Hund, dass er gut erzogen ist. Nach dem Gassi gehen kehrt ein wenig Ruhe ein. Gina bekommt ihr Fressen und beschäftigt sich danach allein. Man merkt, dass sie mit sich und der Welt richtig zufrieden ist. Überhaupt fällt mir auf, dass sie sich gut alleine beschäftigen kann. Mal spielt sie mit dem Ball, bellt ihn unvermittelt böse an oder schnappt sich ihren Nageknochen. Am liebsten versteckt sie sich damit unter der Sitzbank.

Wenn ich an meinem Arbeitsplatz sitze, kommt es schon mal vor, dass meine Hündin es sich auf der Sitzlehne bequem macht und mich beim Arbeiten beobachtet. Irgendwann fällt sie dann müde in ihr Bettchen und schläft drei Stunden. Grundsätzlich ist sie zu Hause brav, bis auf eines: sie jault schrecklich, wenn ich das Haus verlasse. Alleine bleiben ist für meine kleine Hündin ausgeschlossen, daran arbeiten wir noch.

Nach der Ruhezeit springt sie quicklebendig herum. Vom Sofa auf den Sessel, von dort weiter zur Fensterbank. Ich wundere mich immer wieder, dass sie so manche Sprünge überhaupt überlebt. Des öfteren denke ich, dass sie sich zum 'Zirkushund' entwickelt. Man muss sich vorstellen, sie steht auf den Hinterbeinen und ihre Vorderpfoten sind in der Luft. Schaut lustig aus, eben wie ein Zirkushund.

Einer ihrer Lieblingsplätze ist die Fensterbank. Am Anfang war ich verwundert, normalerweise sitzen Katzen auf Fensterbänken und nicht Hunde. Doch dieser Platz hinter dem Vorhang scheint auch Gina gut zu gefallen. Ich lache immer wieder recht herzlich über das Schauspiel, wenn sie mit ihrer Schnauze verdeckt vom Vorhang hervorschaut und dann verwundert dreinschaut, warum ich mich so gut amüsiere.

Mit größter Aufmerksamkeit und Freude ist sie dann bei der Lernarbeit dabei: Zum Beispiel beginne ich mit der Leckerlisuche, das heißt, dass ich kleine Leckerli an verschiedenen Orten in der Wohnung verstecke. Zuvor muss sie 'Sitz' machen und warten, bis sie von mir das Kommando erhält, die Gustostückerl zu suchen.

Die nächste Herausforderung liegt darin, dass sie ein Leckerli suchen muss, welches unter den drei Bechern auf dem Boden versteckt ist. Unter welchem Becher ist es wohl...?..., unglaublich, aber der junge Hunde stupst mit der Nase exakt den Becher an, wo das Leckerli versteckt ist.

Wiederum wächst ein Stück mehr das Selbstvertrauen von Gina.

Um unser Repertoire an Aufgaben zu erweitern, kaufe ich mir ein Hundebuch und googel zusätzlich im Internet nach Beispielen für Hundetraining nach. Ausgelastet und zufrieden schnappt Gina ein Belohnungsleckerli von mir und zieht sich entspannt an ihren Ruheplatz zurück.

Um den Erfolg zu erhalten bedeutet es, das Erlernte regelmäßig zu trainieren, und zwar in vertrauter Umgebung zu Hause als auch im Freien.

Hunde sind intelligente Tiere und viel klüger als man annimmt. Wie Forscher herausgefunden haben, besitzt ein Hund etwa die Intelligenz eines dreijährigen Kindes.

All' die Arbeit und Mühe hat sich bei meiner tierischen Begleitung gelohnt und ein geordneter Ablauf begleitet uns. Nach dem Fressen schläft sie und danach gehen wir wieder eine Runde Gassi.

Bedingt durch den Besuch der Hundeschule erweitert sich unser Trainingsprogramm. Sie fordert von sich aus ein, dass wir trainieren indem Gina mir diverse Spielbälle oder ähnliche Teile zu den Füßen legt und mit einem: „Wuff,

wuff", mich auffordert in Aktion zu treten.

Je nach Wetterlage fahren wir auch mal mit dem Rad. Das bedeutet, dass Gina in einem kleinen Hundeanhänger von mir mitgeführt wird. Anfangs sträubt sie sich vehement gegen diese Art ausgeführt zu werden. Jedoch mit der Zeit gewöhnt sie sich dran.
Früher belächelte ich einen angekleideten Hund. Meine Meinung war, dass es keine artgerechte Haltung ist, wenn ein Hund eine Bekleidung trägt. Nun, ich werde durch meine kleine Hündin eines Besseren belehrt.
Der Tierarzt erklärt mir, dass die Wahrscheinlichkeit einer Erkrankung bei kleinen Hunden mit kurzen Beinen, welche sich nahe dem Boden aufhalten, rascher gegeben ist. Durch den Schutz einer Hundebekleidung umgeht man die Gefahr, dass sie sich eine Erkältung holen (insbesondere im Winter oder der Regenzeit). Das leuchtet mir ein und ab sofort bekommt auch meine Gina einen einfachen aber zweckmäßigen Hundemantel.

Der Tag geht dem Ende zu. Wir balgen ein wenig herum und sie holt sich alles, was nicht für sie bestimmt ist: Fernsehprogramm, Taschentücher oder was in ihrer Reichweite liegt. Mein Abendbrot ist ebenfalls in Gefahr, doch ein böser Blick von mir spricht Bände und sie lässt ihr Vorhaben lieber sein.
Regelmäßig läuft sie abends in der Wohnung noch ein paar Runden um Adrenalin abzubauen. Dabei werden von Gina der Hundeball und andere Teile angebellt und vernichtend „geschlagen". Es dauert aber nicht lange und sie ist echt müde. Friedlich schläft sie dann in ihrem Bettchen ein. Garantiert träumt meine Hündin davon, welche Abenteuer sie am kommenden Tag aushecken kann.